6 Décembre 1905

V

VENTE

HOTEL DROUOT, SALLE N° 9

Le Mercredi 6 Décembre 1905

A 2 HEURES 1/2

Collection de M. G. L***

MINIATURES

PRINCIPALEMENT DES ÉPOQUES

XVIIIe SIÈCLE, PREMIER EMPIRE ET RESTAURATION

Boîte en Or guilloché, Epoque Louis XVI

TABLEAUX

ANCIENS ET MODERNES

Me F. LAIR-DUBREUIL	M. Arthur BLOCHE
COMMISSAIRE-PRISEUR	EXPERT PRÈS LA COUR D'APPEL
6, rue de Hanovre, 6	51, rue Saint-Georges, 51

EXPOSITION PUBLIQUE

Le Mardi 5 Décembre 1905, de 2 heures à 6 heures

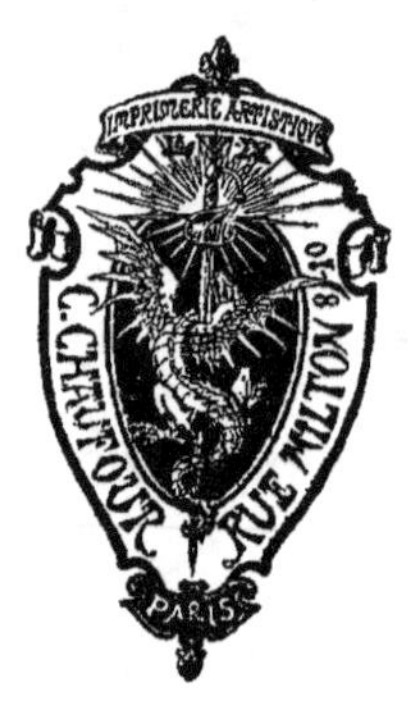

CONDITIONS DE LA VENTE

La vente sera faite expressément au comptant.

Les acquéreurs paieront *dix pour cent* en sus des enchères.

L'exposition mettant le public à même de se rendre compte de la nature et de l'état des objets, aucune réclamation ne sera admise une fois l'adjudication prononcée.

Imp. C. Chaufour, 8-10 Rue Milton, Paris

DESIGNATION

BOÎTE, MINIATURES

1 — Boîte ronde en or guilloché, avec bordure circulaire émaillée bleu, à décor de fleurettes réservées. Le couvercle est orné d'une miniature : Portrait de femme en costume bleu décolleté, portant la coiffure poudrée. Epoque Louis XVI.

2 — Miniature rectangulaire : Portrait de femme représentée en joueuse de vielle assise dans un paysage. Epoque Louis XV. Cadre en bois sculpté.

3 — Miniature ronde de l'époque Louis XVI.
Portrait de femme en costume de bergère
dans un paysage. Signée A. Leroy, 1797.
Cadre en bois doré.

4 — Miniature ronde : Portrait de Volney en
costume vert regardant presque de face et
s'appuyant sur un livre. Signée Jourdain, 1793.
Cadre en bronze doré.

5 — Miniature : Portrait de femme de l'Ecole
anglaise, représentée coiffée d'un chapeau à
plumes noires et fichu noir jeté sur les épaules,
fond de paysage. Epoque de la Restauration.

6 — Miniature : Portrait de femme Louis XV
en costume bleu bordé de fourrure, près
d'elle un petit chien. Cadre rond en bois
sculpté.

7 — Miniature ronde : Nymphe et Faune, cadre
Premier Empire en bois noir cerclé de bronzes
guillochés.

8 — Petite miniature ovale : Portrait de jeune
fille de l'Empire en costume blanc décolleté,

encadrement en bois sculpté sur fond de velours rouge.

9 — Miniature ronde : Portrait de femme représentée en déesse drapée dans un manteau bleu, fond de paysage.

10 — Miniature carrée : Portrait présumé de Mme Talma en bacchante. Signée Carzot, 1806. Cadre en bronze doré.

11 — Miniature ovale représentant La Laitière et le pot au lait, d'après Greuze. Cadre en bois sculpté.

12 — Miniature : Portrait de femme en costume bleu décolleté et à demi couchée sur un divan. Signée G.-L. Ogier, 1824.

13 — Miniature ovale : Portrait d'homme. Signée Lavier, 1826.

14 — Email ovale : Portrait du baron de Dalberg, grand-duc de Francfort. Cadre en bois sculpté.

15 — Petit fixé représentant un paysage. Cadre en bronze.

16 — Miniature sur vélin : Portrait de femme en costume Louis XIV. Cadre bois sculpté.

17 — Miniature Louis XIV sur vélin représentant une grande dame en costume de Diane chasseresse; fond de paysage. Cadre en bois sculpté.

18 — Miniature ronde : Portrait de femme avec couronne de roses dans les cheveux. Epoque fin Louis XVI. Cadre en bois sculpté.

19 — Miniature ronde : Le Concert interrompu. Cadre en bois sculpté.

20 — Miniature : Portrait de femme en costume vert. Signée Suchy. Epoque 1830.

21 — Miniature rectangulaire rehaussée de gouache représentant une grande dame en costume Louis XVI assise dans un fauteuil, le corsage orné d'un bouquet de roses.

22 — Fixé ovale représentant le départ d'un ballon.

23 — Miniature représentant une femme en costume de la Révolution avec turban blanc dans les cheveux. Cadre bois sculpté.

24 — Grande miniature représentant une femme en costume Premier Empire décolleté et drapé avec boa de fourrure grise, attribuée à MANSION.

25 — Grande miniature ovale : Portrait de femme en costume marron, avec collerette tuyautée. Cadre en bronze guilloché. Epoque de la Restauration.

26 — Miniature rectangulaire : Portrait de Sainte femme en prière. Cadre en bois sculpté.

27 — Miniature de l'Ecole Anglaise : Portrait d'un jeune garçon. Epoque de la Restauration. Cadre en bois sculpté à branches de vigne.

28 — Miniature représentant une fête champêtre. Cadre en peluche.

29 — Petite gouache ovale de CICÉRI représentant un paysage montagneux.

30 — Miniature ovale : Portrait de femme en
costume de mousseline blanche et fichu de
gaze légèrement noué. Signée LABROUE 1827.

31 — Miniature ronde : Portrait d'une jeune
actrice représentée décolletée avec ruban
jaune dans les cheveux. Epoque du Directoire. Cadre en bronze.

32 — Miniature : Le Joaillier. Cadre en bois
sculpté à coquille.

33 — Miniature ovale : Portrait de femme en
costume blanc décolleté avec manteau rouge
jeté sur les épaules. Epoque du Premier Empire. Encadrement en bois doré sur fond de
peluche.

34 — Miniature : Portrait de petite fille dans un
jardin. Signée JUNG 1804.

35 — Miniature de l'Ecole anglaise : Portrait de
femme Louis XVI en grisaille avec nœud de
ruban blanc dans les cheveux. Cadre en bronze
émaillé sur fond de velours blanc.

36 — Miniature carrée : Portrait de femme en costume bleu décolleté, fond de paysage. Epoque 1830.

37 — Miniature ronde : Portrait de femme représentée assise près d'une table sur laquelle se trouve une guitare. Epoque Directoire. Cadre en bronze.

38 — Deux petites miniatures sur cuivre : Portraits de femmes Louis XIII. Cadre en bois sculpté et ajouré.

39 — Petite miniature ronde : Portrait de jeune femme en costume décolleté, les cheveux retombant en longues boucles sur les épaules. Epoque Louis XVI. Cadre en bois sculpté.

40 — Deux miniatures ovales : Portraits de Marie-Thérèse et de Mme de Polignac. Cadres de style Louis XV, en bois sculpté.

41 — Miniature rectangulaire : Portrait de jeune femme en costume bleu, avec guirlande de fleurs dans les cheveux. Epoque du Premier Empire. Cadre en bronze guilloché.

42 — Médaillon orné d'un émail représentant Esther et Assuérus.

43 — Médaillon en filigrane renfermant une miniature portrait de femme avec rose dans les cheveux.

44 — Petite gouache représentant une ronde champêtre. Signée Van Blarenberghe. Cadre en bois sculpté sur fond de velours rouge.

45 — Miniature ovale représentant une jeune femme en costume décolleté orné d'une rose et coiffée d'un voile blanc. Cadre Premier Empire en bronze guilloché.

46 — Miniature ronde représentant une jeune fille assise dans un paysage et jouant de la guitare. Signée Boichegrin. Cadre en bois sculpté.

47 — Miniature ovale : Portrait présumé de la Duchesse d'Angoulême, le corsage orné d'un fichu blanc.

48 — Miniature carrée représentant une jeune femme en costume blanc décolleté. Signée Lamothe Duthiers 1812.

49 — Miniature : Portrait d'homme en costume
bleu et gilet à rayures. Epoque Directoire.
Cadre en velours rouge avec appliques d'ar-
gent.

50 — Petite miniature ovale : Portrait d'homme
en costume bleu et gilet blanc. Epoque fin
Louis XVI. Cadre orné de motifs en cheveux.

51 — Miniature ronde représentant Madame de
Richepourn en costume blanc décolleté et
ceinture de velours noir. Signée Feulard. Fin
du Premier Empire. Cadre en bronze.

52 — Miniature de l'Ecole Espagnole représentant
Sainte Agathe. Cadre en bronze.

53 — Miniature ovale représentant une jeune
femme assise dans un paysage, coiffée d'un
chapeau bleu orné d'un bouquet de roses.
Cadre en bronze.

54 — Miniature ovale : Portrait de femme
Louis XVI, le corsage décolleté et les cheveux
ornés d'un ruban bleu. Cadre en bois doré sur
fond de velours rouge.

55 — Miniature ronde représentant une jeune
paysanne Louis XVI dans un paysage.

56 — Médaillon orné d'une miniature : Portrait
de femme Régence en costume décolleté orné
d'un collier et de perles dans les cheveux. Signée Rouvier.

57 — Médaillon orné d'un portrait de femme
Louis XVI en costume blanc décolleté à rayures roses.

58 — Médaillon orné d'une miniature : Portrait
présumé de la Duchesse de Wurtemberg.

59 — Miniature ronde en grisaille représentant
une jeune femme avec un vieillard.

60 — Petite miniature ovale : Portrait de femme
en costume jaune décolleté la coiffure
haute ornée d'une plume blanche. Epoque
Louis XVI. Cadre en bronze.

61 — Médaillon en biscuit de Sèvres représentant
Marie-Louise. Signé Brachard.

62 — Deux petites gouaches Louis XV représentant des scènes au château de Versailles.

63 — Miniature ronde représentant une jeune
femme dans un parc en costume blanc et tenant une lettre. Signée Nether 1808. Cadre en
bronze.

64 — Portrait d'une jeune femme en costume
Louis XVI décolleté, les cheveux ornés d'un
ruban bleu. Cadre en bois sculpté à rocailles.

65 — Miniature ronde représentant une jeune
femme en costume Directoire, les cheveux ornés d'une couronne de roses, et tenant une
lettre.

66 — Miniature ronde représentant une jeune
femme en costume de la Révolution, coiffée
d'un turban rouge. Cadre en bois sculpté.

67 — Email ovale représentant un jeune homme
en costume noir et cravate blanche. 1830.

68 — Miniature ovale. Portrait d'une jeune femme,
les cheveux et le corsage ornés de guirlande
de fleurs. Cadre en bronze sur fond de velours
rouge.

69 — Petite peinture ovale représentant une femme en costume Louis XIV avec manteau rouge jeté sur les épaules. Cadre en bois sculpté à coquille et guirlande de fleurs.

70 — Petite peinture sur cuivre représentant François II enfant.

71 — Collection de quarante-neuf cartes à sujets militaires. Epoque Premier Empire.

72 — Deux cadres en cuivre ciselé et un cadre de reliquaire.

73 — Broche en marcassites ornée d'une miniature, portrait de jeune femme en costume décolleté avec fleurs dans les cheveux.

74 — Portrait de jeune fille Premier Empire, en costume de mousseline blanche à liseré rouge. Cadre en bronze.

75 — Miniature représentant une bohémienne. Cadre en bois doré sur fond de peluche.

76 — Petite peinture sur porcelaine représentant une jeune fille en costume noir. Cadre en bronze sur fond de velours rouge.

77 — Deux petits médaillons en Wedjwood enca-
drés sur fond de peluche rouge. Epoque du
Premier Empire.

78 — Petite peinture sur bois : tête de veillard,
d'après Rembrandt.

79 — Petite peinture ovale sur cuivre représentant
Anne de Bretagne. Cadre en bois sculpté.

80 — Petite peinture sur cuivre représentant un
jeune homme en costume de cour Louis XIV.
Cadre en bois sculpté.

TABLEAUX, DESSINS

81 — DESRAIS (Attribué à). Henri IV dans les
Champs-Elysées se réjouit à la vue de la mort
de l'Aigle impériale et du retour des Bour-
bons. Dessin à la plume et au lavis.

82 — DUPLESSIS-BERTAUX. Cavaliers près de
ruines.

83 — FRANCK et DANIEL SEGHERS (Attribué à). L'adoration des Rois Mages. Peinture sur cuivre encadrée de fleurs.

84 — A. GAUBAULT. Cuirassier.

85 — A. GAUBAULT. Chasseur.

86 — A. GAUBAULT. Fantassin.

87 — A. GAUBAULT. Au Café. Scènes militaires; deux tableaux se faisant pendants.

88 — A. GAUBAULT. En promenade. Scène militaire.

89 — KEMMEL BERE. Le Moulin. Peinture sur soie pour feuille d'éventail.

90 — TÉNIERS (Ecole de). Le Fumeur.

91 — ECOLE HOLLANDAISE. Les Remontrances.

92 — ECOLE ITALIENNE. Scène du Dante.

93 — Objets omis.